ALPHABET

CHRÉTIEN

ou

RÈGLEMENT

POUR LES ENFANTS

QUI FRÉQUENTENT LES ÉCOLES CHRÉTIENNES.

LIMOGES,

MARTIAL ARDANT FRÈRES

Rue de la Terrasse.

1858

A B C D E
F G H I J
K L M N O
P Q R S T
U V X Y Z
Æ Œ W.

† a b c d e
f g h i j k l
m n o p q r
s t u v x y
z æ œ ff fi
ffi fl ffl.

(5)

Ba	be	bi	bo	bu
Ca	ce	ci	co	cu
Da	de	di	do	du
Fa	fe	fi	fo	fu
Ga	ge	gi	go	gu
La	le	li	lo	lu
Ma	me	mi	mo	mu
Na	ne	ni	no	nu
Pa	pe	pi	po	pu
Qua	que	qui	quo	quu
Ra	re	ri	ro	ru
Sa	se	si	so	su
Ta	te	ti	to	tu
Va	ve	vi	vo	vu

Xa xe xi xo xu
Za ze zi zo zu

---

an, on, un, or,
et, au, s'y, est,
lui, pas, loi, jeu,
air, mur, nous,
mais, vous, fil,
point, temps, dans,
jour, dix, corps,
main, dent, pied,
le, pont, tour, la,
long, haut, les,
bancs, bois, du,

cent, deux, aus si,
â me, pè re, an ge,
tê te, heu re, pa ge,
en fer, es prit, com-
me, beau coup, em-
ploi, pre mi er,
clas se, li vre, ta-
ble, se cond, pren-
dre. a mi, ciel, tré-
sor, sain te, mê-
me, vil le, ap pel,
se cours, gla ce,
fau te, dé faut, ver-
tu, fi xer, mes se,

si gna le, gout te, e xil, lar me, ar-bre, ha ïr, dé cret, stal le, ai mer, Pa-ra dis, é co le, A-pô tre, é toi le, E-gli se, dis ci ples, o rai son, doc tri-ne, pa ro le, pen-si on, nou vel le, vil la ge, fa mil le, Sain te Vier ge.

† Au nom du Père, et du Fils, et du Saint-Esprit. Ainsi soit-il.

L'ORAISON DOMINICALE.

No tre Père, qui ê tes aux cieux, que vo tre nom soit sanc ti fié ; que vo tre rè gne ar ri ve, que vo tre vo lon té soit

fai te en la ter-
re com me au
ciel : don nez-
nous au jour-
d'hui no tre
pain quo ti dien,
et nous par don-
nez nos of fen-
ses, com me
nous par don-
nons à ceux qui

nous ont of fen-
sés, et ne nous
laissez pas suc-
comber à la
tentation, mais
délivrez-nous
du mal. Ainsi
soit-il.

LA SALUTATION ANGÉLIQUE.

Je vous sa-
lue, Marie,

plei ne de grâ-
ce, le Sei gneur
est a vec vous;
vous ê tes bé-
nic en tre toutes
les fem mes, —
Jé sus, le fruit
de vos en trail-
les est bé ni.
Sain te Ma rie,
mè re de Dieu,

priez pour nous, pauvres pécheurs, maintenant et à l'heure de notre mort. Ainsi soit-il.

LE SYMBOLE DES APOTRES.

Je crois en Dieu le Père tout-puissant,

cré a teur du ciel et de la ter- re et en Jé sus- Christ, son fils u ni que, no tre Sei gneur ; qui a été con çu du Saint - Es prit, est né de la Vier ge Ma rie ; a souf fert sous

Pon ce-Pi la te ;
a é té cru ci fié ;
est mort et a
é té en se ve li ;
qui est des cen-
du aux en fers,
et le troi siè me
jour est res sus-
ci té des morts,
est mon té aux
Cieux, est as sis

à la droi te de Dieu, le Pè re tout - puis sant, d'où il vien dra ju ger les vi- vants et les morts. Je crois au Saint-Es prit, la sain te E gli- se ca tho li que ; la com mu nion des Saints, la ré mis sion des pé chés, la ré-sur rec tion de la chair, la vie é ter nel le. Ain-si soit-il.

LA CONFESSION DES PÉCHÉS.

Je con fes se à Dieu tout-puis sant, à la bien heu reu se Ma rie tou jours Vier ge, à saint Mi chel ar chan-ge, à saint Jean-Bap tis te, aux A pô tres saint Pier re et saint Paul, à tous les Saints, et à vous, mon Père, que j'ai beau coup péché, par pensées, par pa roles, par actions et par o mis si ons ; c'est ma fau te, c'est ma fau te, c'est ma très gran de fau te : C'est pour quoi je sup plie la bien- heu reu se Marie tou jours Vier- ge, saint Michel ar chan ge, saint Jean-Bap tis te, les A pô tres saint Pier re et saint Paul, tous les Saints, et vous, mon Père, de prier pour moi le Seigneur notre Dieu.

Que le Dieu tout-puissant nous fasse miséricorde, qu'il nous pardonne nos péchés, et

nous con dui se
à la vie é ter-
nel le. Ain si
soit-il.

Que le Sei-
gneur tout-puis-
sant et mi sé ri-
cor di eux nous
ac cor de l'in-
dul gen ce, l'ab-
so lu tion et la

ré mis sion de nos pé chés.

Ainsi soit-il.

ACTES DES VERTUS THÉOLOGALES.

ACTES DE FOI.

Mon Dieu, je crois fer me ment tout ce que la sain te E gli se ca tho li que, a pos to-

li que et romai-
ne m'or don ne
de croire, parce
que c'est vous,
ô vé ri té in fail-
lible! qui le lui
avez révélé.

ACTE D'ESPÉRANCE.

Mon Dieu,
j'es pè re, a vec
u ne fer me con-

fi an ce, que vous me don nerez, par les mérites de Jésus-Christ, vo tre grâ ce en ce mon de; et si j'ob ser ve vos Com man dements, vo tre gloi re en l'autre, par ce que vous me l'a vez pro mis, et que vous ê tes sou- ve rai ne ment fi dè le dans vos pro mes ses.

ACTE DE CHARITÉ.

Mon Dieu, je vous ai me de tout mon cœur,

de tout mon es-
prit, de tou te
mon â me et de
tou tes mes for-
ces ; par-des sus
tou tes cho ses,
par ce que vous
ê tes in fi ni ment
bon et in fi ni-
ment ai ma ble ;
et j'ai me mon

pro chain comme moi-même pour l'amour de vous.

ACTE DE CONTRITION,

Mon Dieu j'ai un ex trê me regret de vous avoir of fen sé, par ce que vous êtes infiniment bon, in fi ni ment ai ma ble, et que le pé ché vous dé plaît ; par-don nez-moi par les mé ri tes de Jésus-Christ, je me pro po se, mo yen nant vo-tre sain te grâ-ce, de ne plus

(30)

vous of fen ser
et de fai re pé-
ni ten ce.

AVIS
A UN ENFANT CHRÉTIEN.

1. Re tour nez : de : l'É cole : à : la : Mai son : sans vous : ar rê ter : par : les rues : mo des te ment : c'est-à-di re : sans : cri er : ni : of fen ser : per son ne : Au : con trai re : si : l'on : vous : in ju rie : et : of fen se : en du rez-le : pour : l'a mour : de No tre : Sei gneur : et : di tes : en : vous : mê me : Dieu vous : don ne : la : grâ ce de : vous re pen tir : de : vo tre : fau te : et : vous : par-

don ne : com me : je : vous par don ne.

2. Gar dez : vous : bien de : ju rer : de : vous : mettre : en : co lè re : de : di re des : pa ro les : sa les : de fai re : au cu ne : ac tion dés hon nê te.

3. Quand : vous : pas sez de vant : quel que : Croix ou : quel que : I ma ge : de No tre : Sei gneur : de : la Très-Sainte : Vier ge : ou des Saints : fai tes : u ne : respec tu eu se : in cli na tion.

4. Quand : vous : ren contre rez : quel que : per son-

ne : de : vo tre : con nais sance sa lu ez-la : le pre mier : par ce : que : c'est : une : ac tion d'hu mi li té.

5. Sa lu ez : les : per son nes : que : vous : ren con tre rez : se lon : la : cou tu me du : lieu : et : l'ins truc tion qu'on : vous : en : au ra donnée.

6. Quand : vous : en tre rez : chez : vous : ou : dans quel que : au tre : mai son sa lu ez : ceux : que : vous y : trou ve rez.

7. Quand : vous : fe rez quel que : ac tion : fai tes

dé vo te ment : le : si gne : de la : sain te : Croix : avec : in- ten tion : de : fai re : au : nom de : Dieu : et : pour : sa gloi re : ce : que : vous : al lez fai re.

8. Quand : vous : par lez a vec : des : per son nes : de con si dé ra tion : ré pon dez hum ble ment : oui : Monsieur oui : Ma da me : non : Mon- sieur : etc. : se lon : qu'on vous : in ter ro ge ra.

9. Si : ceux : qui : ont pou voir : sur : vous : vous com man dent : quel que cho se : qui : soit : hon nê- te : et : que : vous : puis-

si ez : faire : o bé is sez-leur vo lon tiers : et : promp te- ment.

10. Si : l'on : vous : com- man dait : de : di re : quel- que : pa ro le : ou : de : fai re quel que : ac tion : mau vai- se : ré pon dez : que : vous ne : le : pou vez : point : fai- re : d'au tant : que : ce la dé plaît : à : Dieu.

11. Quand : vous : vou- drez : man ger : la vez-vous pre miè re ment : les : mains puis : di tes : le : BE NE DI CI TE ou : au tre : bé né dic tion avec : pi é té : et mo des tie.

12 Lors que : vous : voudrez : boi re : pro non cez tout : bas : le : saint : nom de : Jé sus.

13. Tou tes : les : fois : que vous : nom me rez : ou : enten drez : nom mer : Jé sus ou : Ma rie : vous : fe rez u ne : in cli na tion : res pectu eu se.

14. Gar dez-vous : bien : à ta ble : ou : ail leurs : de : deman der : de : pren dre : et de : sous. trai re : en : cachet te : ou : au tre ment : ce qu'on : au ra : ser vi : et mê me : vous : ne : de vez

pas : le : re gar der : avec envie.

15. Quand : on : vous : donne ra : quel que : cho se : re-
ce vez-le : avec : res pect : et
re mer ciez : ce lui : ou : cel le
qui : vous : l'au ra : donné.

16. Ne : vous : as se yez
point : à : ta ble : si : l'on : ne
vous : y : in vi te.

17. Man gez : et : bu vez
dou ce ment : et : hon nê te-
ment : sans : a vi di té : et
sans : ex cès.

18. A : la : fin : de : chaque : re pas : di tes : dé vo-

te ment : les : Grâ ces : en-
sui te : sa lu ez : res pec tu-
eu se ment : les : per son nes
avec : les quel les : vous : a vez
pris : vo tre : re pas : et : re-
mer ci ez : ceux : qui : vous
a vaient : in vi té.

19. Ne : sor tez : pas : de
vo tre : maison : sans : en
de man der : et : sans : en
a voir : ob te nu : la : per mis-
sion.

20. N'al lez : point : avec
les : en fants : vi cieux : et
mé chants : car : ils : peu vent
vous : nui re : pour : le : corps
et : pour : l'à me.

21. Quand : vous : au rez em prun té : quel que : chose ren dez-le : au plus tôt : et n'at ten dez : pas : qu'on : vous le : de man de.

22. Lors que : vous : aurez à : par ler : à : quel que : per-son ne : d'au to ri té : qui se ra : oc cu pée : pré sen tez-vous : a vec : res pect : et : at-ten dez : qu'el le : ait : le : loi-sir : de : vous : par ler : et qu'el le : vous : de man de : ce que : vous : lui : vou lez.

23. Si : quel qu'un : vous re prend : ou : vous : don ne quel que : a ver tis se ment

re mer ciez-le : avec : hu mili té.

24. Ne : tu to yez : person ne : non : pas : mê me : les ser vi teurs : les : ser van tes et : les : pau vres.

25. Al lez : au-de vant : de ceux : qui : en trent : chez vous : pour : les : sa lu er.

26. Si : quel qu'un : de ceux : de : la : mai son : ou au tre : dit : où : fait : en vo tre : pré sen ce : quel que cho se : de : mal : à : pro pos et : in di gne : d'un : Chrétien : té moi gnez : par : quel-

que : si gne : la : pei ne : que vous : en : res sen tez.

27. Quand : les : pau vres de man dent : à : vo tre por te : pri ez : vo tre : père ou : vo tre : mère : ou : ceux chez : qui : vous : de meu rez de : leur : fai re : l'au mô ne pour : l'a mour : de : Dieu fai tes : la : leur : vous : mê me lors que : vous : le : pou vez.

28. Le : soir : a vant : de vous : aller : cou cher : a près a voir : sou hai té : le : bon soir : à : vos : pè re : et : mè re ou : au tre : met tez-vous : à ge noux : au près : de : vo tre

lit : ou : de vant : quel que
I ma ge : et : di tes : vo tre
pri è re : a vec : at ten tion
et : dé vo tion : En sui te : pre-
nez : de : l'eau : bé ni te : et
fai tes : le : si gne : de : la
sain te : croix : sur : vo tre : lit.

29. Le : ma tin : en : vous
le vant : fai tes : le : si gne : de
la : sain te : croix : et : é tant
ha bil lé : mettez-vous : à : genoux : et : di tes : dé vo te-
ment : la : pri è re : du : ma-
tin : En sui te : sou hai tez : le
bon : jour : à : vos : pè re : et
mè re : et : au tres : per son-
nes : de : la : maison.

30. Tous : les : jours : si

vous : le : pou vez : en ten dez la : sain te : Mes se : dé vo te-ment : et : à : ge noux : et : le-vez-vous : quand : le : prê tre dit : l'É van gi le.

31. Quand : vous : en ten-drez : son ner : l'An ge lus ré ci tez-le.

32. So yez : tou jours : prêt á : al ler : à : l'é co le : et : ap-pre nez : soi gneu se ment les : cho ses : que : vos : maî-tres : vous : en sei gnent : so-yez-leur : bien : o bé is sant et : res pec tu eux.

33. Gar dez-vous : bien : de men tir : en : quel que : ma-

nière : que : ce : soit : car : les menteurs : sont : enfants du : démon : qui : est : le : père : du : mensonge.

34. Surtout : gardez-vous de : dérober : aucune : chose : ni : chez : vous : ni : ailleurs : parce : que : c'est : offenser : Dieu : c'est : se : rendre : odieux : à : tout : le monde : et : prendre : le chemin : d'une : mort : infâme.

35. Enfin : tous : vos : principaux : soins : tandis : que vous : vivez : en : ce : monde doivent : tendre : à : vous

ren dre : a gré a ble : à : Dieu et : à : ne : le : point : of fen ser a fin : qu'a près : cet te : vie mor tel le : vous : so yez : pré- ser vé : de : l'en fer : et : vous pos sé diez : la : gloi re : du Pa ra dis.

Ain si : soit-il.

EN ENTRANT DANS L'ÉGLISE.

Divin Jésus, je crois que vous êtes ici présent : Je vous y adore, je vous, loue, je vous reconnais pour mon Créateur et mon Sauveur, et j'unis mes humbles adorations à celles que la très sainte Vierge, les Anges et les Saints vous rendent dans le ciel, et j'offre à la très Sainte Trinité celles que vous lui rendez dans le Très Saint Sacrement de l'Autel.

Loué…
Notre père…
Je vous salue…

PRIÈRES
PENDANT LA MESSE.

AU COMMENCEMENT DE LA MESSE.

Faites-moi la grâce, ô mon Dieu! d'entrer dans les dispositions où je dois être pour vous offrir dignement, par les mains du Prêtre, le sacrifice redoutable auquel je vais assister. Je vous l'offre en m'unissant aux intentions de Jésus-Christ et de son Église, 1° pour rendre à votre divine Majesté l'hommage souverain qui lui est dû ; 2° pour vous remercier de tous vos bienfaits ; 3° pour vous demander avec un cœur contrit la rémission de mes péchés ; 4° enfin, pour obtenir tous les secours qui me sont nécessaires pour le salut de mon âme et la vie du corps. J'espère toutes ces grâces de vous, ô mon Dieu ! par les mérites de Jésus-Christ votre Fils, qui veut bien être lui-même le Prêtre et la victime de ce sacrifice adorable.

AU CONFITEOR.

Quoique pour connaître mes péchés, ô mon Dieu ! vous n'ayez pas besoin de ma confession, et que vous lisiez dans mon cœur toutes mes iniquités, je vous les confesse néanmoins à la face du ciel et de la terre, j'avoue que je vous ai offensé par mes pensées, paroles et actions. Mes péchés sont grands ; mais vos miséricordes sont infinies. Ayez compassion de moi, ô mon Dieu ! souvenez-vous que je suis votre enfant, l'ouvrage de vos mains, et le prix de votre sang. Vierge Sainte, Anges du ciel, Saints et Saintes du Paradis, priez pour nous ; et, pendant que nous gémissons dans cette vallée de misères et de larmes, demandez grâce pour nous, et nous obtenez le pardon de nos péchés.

A L'INTROÏT.

Seigneur, qui avez inspiré aux Patriarches et aux Prophètes des désirs si ardents de voir descendre votre fils unique sur la terre, donnez-moi quelque portion de cette sainte ardeur, et faites que, malgré les embarras de cette vie mortelle, je ressente en moi un saint empressement de m'unir à vous.

AU KYRIE, ELEISON.

Je vous demande, mon Dieu, par des gémissements et des soupirs réitérés, que vous me fassiez miséricorde ; et quand je vous dirais à tous les moments de ma vie : Seigneur, ayez pitié de moi, ce ne serait pas encore assez pour le nombre et l'énormité de mes péchés.

AU GLORIA IN EXCELSIS.

La gloire que vous méritez, mon Dieu, ne vous peut être dignement rendue que dans le ciel; mon cœur fait néanmoins ce qu'il peut sur la terre au milieu de son exil : il vous adore, il vous bénit, il vous loue, il vous glorifie, il vous rend grâce, et vous reconnaît pour le Saint des Saints, et pour le seul Seigneur souverain du ciel et de la terre, en trois Personnes, Père, Fils et Saint-Esprit.

AUX ORAISONS.

Recevez, Seigneur, les prières qui vous sont adressées pour nous ; accordez-nous les grâces et les vertus que l'Église, notre mère, vous demande par la bouche du Prêtre en notre faveur. Il est vrai que nous ne méritons pas d'être exaucés, mais considérez que nous vous demandons ces grâces par Jésus-Christ votre fils, qui vit et règne avec vous dans tous les siècles des siècles. Ainsi soit-il.

PENDANT L'ÉPÎTRE.

C'est vous, Seigneur, qui avez inspiré aux Prophètes et aux Apôtres les vérités qu'ils nous ont laissées par écrit ; faites-moi part de leurs lumières, et allumez en mon cœur ce feu sacré dont ils étaient embrasés, afin que, comme eux, je vous aime et je vous serve sur la terre tous les jours de ma vie,

A L'ÉVANGILE.

Je me lève, souverain Législateur, pour vous marquer que je suis prêt à défendre, aux dépens de tous mes intérêts et de ma vie même, les grandes vérités qui sont contenues dans le saint Évangile. Donnez-moi, Seigneur, autant de force pour accomplir votre divine parole, que vous m'inspirez de fermeté pour la croire.

PENDANT LE CREDO.

Ouï, mon Dieu, je crois toutes les vérités que vous avez révélées à votre sainte Église ; il n'y en a pas une seule pour laquelle je ne voulusse donner mon sang ; et c'est dans cette entière soumission que, m'unissant intérieurement à la profession de foi que le Prêtre vous fait, je dis à présent d'esprit et de cœur, comme il vous le dit de vive voix, que je crois fermement en vous et tout ce que l'Église croit. Je proteste à la face de vos autels que je veux vivre et mourir dans les sentiments de cette foi pure, et dans le sein de l'Église catholique, apostolique et romaine.

A L'OFFERTOIRE.

Quoique je ne sois qu'une créature mortelle et pécheresse, je vous offre par les mains du Prêtre, vari Dieu vivant et éternel, ce pain et ce vin, qui doivent être changés au corps et au sang de Jésus-Christ votre Fils. Recevez, Seigneur, ce sacrifice ineffable en odeur de suavité, et souffrez que j'unisse à cette oblation sainte le sacrifice que je vous fais de mon corps, de mon âme et de tout ce qui m'appartient. Changez-moi, ô mon Dieu, en une nouvelle créature, comme vous allez changer, par votre puissance, ce pain et ce vin.

AU LAVABO.

Lavez-moi, Seigneur, dans le sang de

l'Agneau qui va vous être immolé, et purifiez jusqu'aux moindres souillures de mon âme, afin que, en m'approchant de votre saint autel, je puisse élever vers vous des mains pures et innocentes, comme vous me l'ordonnez.

PENDANT LA SECRÈTE.

Recevez, mon Dieu, le sacrifice qui vous est offert pour l'honneur et la gloire de votre saint nom, pour notre propre avantage, et pour celui de votre sainte Église. C'est pour entrer dans ses intentions, que je vous demande toutes les grâces qu'elle vous demande maintenant par le ministère du prêtre auquel je m'unis, pour les obtenir de votre divine bonté, par Jésus-Christ notre Seigneur.

A LA PRÉFACE.

Détachez-nous, Seigneur, de toutes

les choses d'ici-bas : élevez nos cœurs vers le ciel, attachez-les à vous seul, et souffrez que, en vous rendant les louanges et les actions de grâces qui vous sont dues, nous unissions nos faibles voix aux concerts des Esprits bienheureux et que nous disions dans le lieu de notre exil ce qu'ils chantent dans le séjour de la gloire : Saint, Saint, Saint, est le Seigneur, le Dieu des armées ; qu'il soit glorifié au plus haut des cieux.

APRÈS LE SANCTUS.

Père éternel, qui êtes le souverain Pasteur des Pasteurs, conservez et gouvernez votre Église, sanctifiez-la, et répandez-la par toute la terre ; unissez tous ceux qui la composent dans un même esprit et un même cœur ; bénissez notre saint père le Pape, notre Prélat, notre Pasteur, notre Empereur, et la famille impériale, et tous ceux qui sont dans la foi de votre Église.

AU PREMIER MEMENTO.

Je vous supplie, mon Dieu, de vous souvenir de mes parents, de mes amis, de mes bienfaiteurs spirituels et temporels. Je vous recommande aussi de tout mon cœur mes ennemis et tous ceux dont je pourrais avoir reçu quelque mauvais traitement; oubliez leurs péchés et les miens, donnez-leur part au mérite de ce divin Sacrifice, et comblez-les de vos bénédictions en ce monde et en l'autre.

A L'ÉLÉVATION DE LA SAINTE HOSTIE

O Jésus, mon Sauveur, vrai Dieu et vrai homme, je crois fermement que vous êtes réellement dans la sainte Hostie : je vous y adore de tout mon cœur, comme mon Seigneur et mon Dieu. Donnez-moi, et à tous ceux qui sont ici présents, la foi, la religion et l'amour que nous devons avoir pour vous dans ce mystère adorable.

A L'ÉLÉVATION DU CALICE.

J'adore en ce calice, ô mon divin Jésus, le prix de ma rédemption et de celle de tous les hommes. Laissez couler une goutte de ce sang adorable sur mon âme, afin de la purifier de tous ses péchés, et de l'embraser du feu sacré de votre divin amour.

APRÈS L'ÉLÉVATION.

Ce n'est plus du pain et du vin, c'est le corps adorable et le précieux Sang de Jésus-Christ votre fils que nous vous offrons, ô mon Dieu, en mémoire de sa

Passion, de sa Résurrection et de son Ascension : recevez-le, Seigneur, et par ses mérites infinis, remplissez-nous de vos grâces et de votre amour.

AU SECOND MEMENTO.

Souvenez-vous aussi, Seigneur, des âmes qui sont dans le purgatoire ; elles ont l'honneur de vous appartenir, et bientôt elles vous posséderont. Je vous recommande en particulier celles de mes parents, de mes amis et de mes bienfaiteurs spirituels et temporels, et celles qui ont le plus besoin de prières.

AU PATER.

Quoique je ne sois qu'une misérable créature, cependant, grand Dieu, je prends la liberté de vous appeler mon Père, puisque vous le voulez. Faites-moi la grâce, ô mon Dieu, de ne point dégénérer de la qualité de votre enfant, et ne permettez pas que je fasse jamais rien qui en soit indigne. Que votre saint nom soit sanctifié par tout l'univers. Régnez dès à présent dans mon cœur par votre grâce, afin que je puisse régner éternellement avec vous dans la gloire, et faire votre volonté sur la terre comme les saints la font dans le ciel. Vous êtes mon père, donnez-moi donc, s'il vous plaît, ce pain céleste dont vous nourrissez vos enfants. Pardonnez-moi comme je pardonne de bon cœur, pour l'amour de vous, à tous ceux qui m'auraient offensé ; et ne permettez pas que je succombe jamais à aucune tentation ; mais faites que, par le secours de votre grâce, je triomphe de tous les ennemis de mon salut.

A L'AGNUS DEI.

Agneau de Dieu, qui avez bien voulu

vous charger des péchés du monde, ayez pitié de nous. Seigneur, vos miséricordes sont infinies, effacez donc nos péchés, et donnez-nous la paix avec nous-mêmes et avec notre prochain, en nous inspirant une profonde humilité, et en étouffant en nous tout désir de vengeance.

AU DOMINE NON SUM DIGNUS.

Hélas! Seigneur, il n'est que trop vrai que je ne mérite pas de vous recevoir ; je m'en suis rendu tout à fait indigne par mes péchés ; je les déteste de tout mon cœur parce qu'ils vous déplaisent et qu'ils m'éloignent de vous. Une seule de vos paroles peut guérir mon âme, ne l'abandonnez pas, mon Dieu, et ne permettez pas qu'elle soit jamais séparée de vous.

A LA COMMUNION DU PRÊTRE.

Si je n'ai pas aujourd'hui le bonheur d'être nourri de votre chair adorable, mon aimable Jésus, souffrez au moins que je vous reçoive d'esprit et de cœur, et que je m'unisse à vous par la Foi, par l'Espérance et par la Charité ; je crois en vous, mon Dieu, j'espère en vous, et je vous aime de tout mon cœur.

QUAND LE PRÊTRE RAMASSE LES PARTICULES DE L'HOSTIE.

La moindre partie de vos grâces est infiniment précieuse, mon Dieu ; je l'ai dit, je ne mérite pas d'être assis à votre table comme votre enfant ; mais permettez-moi au moins de ramasser les miettes qui en tombent, comme la Chananéenne le désirait ; faites que je ne néglige aucune de vos inspirations, puisque cette négligence pourrait vous obliger de m'en priver entièrement.

PENDANT LES DERNIÈRES ORAISONS.

Très sainte et très adorable Trinité, Père, Fils et Saint-Esprit, qui êtes un seul et vrai Dieu en trois Personnes, c'est par vous que nous avons commencé ce sacrifice, c'est par vous que nous le finissons, ayez-le pour agréable, et ne nous renvoyez pas sans nous avoir donné votre sainte bénédiction.

PENDANT LE DERNIER ÉVANGILE.

Verbe éternel, par qui toutes choses ont été faites, et qui, vous étant fait homme pour l'amour de nous, avez institué cet auguste Sacrifice, nous vous remercions très humblement de nous avoir fait la grâce d'y assiter aujourd'hui. Que tous les Anges et tous les Saints vous en louent à jamais dans le ciel. Pardonnez-moi, ô mon Dieu, la dissipation où j'ai laissé aller mon esprit, et la froideur que j'ai ressentie en mon cœur dans un moment où il devrait être tout occupé de vous, et tout embrasé d'amour pour vous. Oubliez, Seigneur, mes péchés, pour lesquels Jésus-Christ votre Fils vient d'être immolé sur cet autel; ne permettez pas que je vous offense davantage; mais faites que, marchant dans la voie de la justice, je vous regarde sans cesse comme la règle et la fin de toutes mes pensées, de toutes mes actions.

Ainsi soit-il.

ABRÉGÉ

De ce qu'il faut savoir, croire et pratiquer pour être sauvé.

1. Il n'y a qu'un Dieu ; il ne peut y en avoir plusieurs : Dieu possède toutes les perfections, il est infiniment saint, juste, bon ; il est tout-puissant, souverain, éternel, c'est-à-dire qu'il a été toujours et sera toujours. Dieu est un pur esprit, il n'a point de corps, on ne peut le voir, il connaît tout, jusqu'à nos plus secrètes pensées.

2. Il y a en Dieu trois Personnes réellement distinctes l'une et l'autre ; la première, le Père ; la seconde, le Fils ; la troisième, le Saint-Esprit.

Le Père est Dieu, le Fils est Dieu, le

Saint-Esprit est Dieu : Cependant ce ne sont pas trois dieux, mais trois personnes égales en toutes choses, qui ne sont qu'un seul et même Dieu, parce qu'elles n'ont qu'une même nature et essence divine. C'est là ce qu'on appelle le mystère de la Très-Sainte Trinité.

3. C'est Dieu qui a créé le ciel et la terre, et tout ce qu'ils renferment : Il les a faits de rien par sa seule volonté. Il a créé les Anges : Les uns ont péché par orgueil, et sont dans l'enfer ; les autres, restés attachés à Dieu, sont heureux dans le ciel. Dieu a fait les astres, la terre, les animaux, les plantes pour l'usage de l'homme ; mais il a fait l'homme à son image, et uniquement pour connaître, aimer, servir son Dieu sur la terre, et par ce moyen gagner le paradis.

4. Le premier homme et la première femme désobéirent à Dieu, et se rendirent

coupables, eux et tous leurs descendants, et c'est à cause de la désobéissance de nos premiers parents que nous apportons tous en venant au monde le péché originel. En punition de ce péché, ils méritèrent pour eux et pour tous leurs descendants, ou pour tous les hommes, les souffrances, les peines, la mort, la colère de Dieu, et la condamnation éternelle.

5. Dieu, cependant, voulut bien offrir aux hommes le pardon et même le ciel, et pour cela la seconde personne de la Très-Sainte Trinité, le Fils de Dieu, se fit homme; il prit un corps et une âme pour souffrir, et par ce moyen, payer à la justice de Dieu ce que nous lui devions, et nous délivrer de la puissance du démon. Le Fils de Dieu fait homme s'appelle Jésus-Christ.

6. Ainsi, dans la Très-Sainte Trinité le Père est vrai Dieu, mais pas homme; il

n'a pas de corps ; il en est de même du Saint-Esprit ; mais le Fils, vrai Dieu comme le Père et le Saint-Esprit, s'est fait homme pour nous racheter ; il a toujours été Dieu, mais il ne s'est fait homme que depuis environ mille huit cents ans. Sans lui, nous aurions tous été privés du ciel.

7. Le Fils de Dieu prit un corps formé par l'opération du Saint-Esprit, dans le sein de la très sainte Vierge Marie, qui ne cessa pas d'être Vierge ; c'est là le mystère de l'Incarnation ; on en fait la fête le 25 mars. Il vint au monde la nuit de Noël, dans une étable : Il vécut sur la terre environ trente-trois ans, dans la pauvreté. l'humilité et la pratique de toutes les vertus. Il enseigna l'Évangile, fit un très grand nombre de miracles pour prouver sa divinité ; et toutes les prophéties par lesquelles Dieu l'avait annoncé aux hom-

mes, s'accomplirent à la lettre dans sa personne.

8. Il est mort comme Homme-Dieu sur une croix pour nos péchés, le Vendredi-Saint ; c'est le mystère de la Rédemption : Il s'est ressuscité lui-même le troisième jour après sa mort, le jour de Pâques, il est monté au ciel par sa propre vertu, le jour de l'Ascension, quarante jours après sa Résurrection ; il en descendra à la fin du monde, pour juger tous les hommes qui mourront tous et ressusciteront ; il donnera le paradis aux justes ; mais ceux qui seront morts en péché mortel, tels que les impies, les jureurs, les vindicatifs, les impudiques, les ivrognes, etc., il les condamnera à l'enfer : le ciel et l'enfer dureront éternellement, c'est-à-dire sans fin.

9. L'Église est la société de ceux qui professent la véritable Religion enseignée par Jésus-Christ ; c'est l'Église catholique,

apostolique et romaine. Il faut obéir à ceux qui la gouvernent par l'autorité de Jésus-Christ : ce sont les Évêques, spécialement N. S. P. le Pape, qui, comme chef, successeur de saint Pierre et vicaire de Jésus-Christ, a l'autorité sur tous les Évêques et sur tous les fidèles ; c'est le seul moyen de ne pas tomber dans l'erreur, selon la promesse de Jésus-Christ. Hors de l'Église point de salut ; ainsi tous ceux qui n'appartiennent pas à l'Église, ou qui ne lui obéissent pas, seront damnés. L'Église est composée des Saints qui sont dans le ciel, des âmes qui sont en purgatoire, et des Fidèles qui sont sur la terre : Nous participons aux mérites des Saints et des fidèles, et nous pouvons soulager les âmes du purgatoire par nos prières et nos bonnes œuvres.

Toutes ces vérités sont renfermées dans le Symbole des Apôtres : Je crois en Dieu, etc. On doit les croire fermement, non sur la seule parole des hommes qui les annoncent, mais parce qu'elles ont été révélées par Dieu même, et qu'elles sont enseignées par l'Église, qui est infaillible.

10. Pour se sauver, il faut non seulement croire fermement toutes ces vérités, mais il faut encore vivre chrétiennement : il faut observer les commandements de Dieu et de l'Église, pratiquer les vertus et fuir le péché.

Il y a dix commandements de Dieu, le premier nous ordonne de l'aimer, de l'adorer lui seul, d'aimer le prochain comme nous-mêmes, pour l'amour de Dieu ; le second d'honorer son saint nom, en nous défendant de le profaner par les jurements ; le troisième nous ordonne d'employer le Dimanche à la prière et aux bonnes œuvres et nous défend les travaux serviles ; le quatrième ordonne d'honorer les Pères et Mères et tous les Supérieurs ; le cinquième défend de tuer et de faire de mal à personne, de donner mauvais exemple, de dire ou penser mal de personne, et ordonne de pardonner à tous ; le sixième défend toute impureté, et tout ce qui peut y conduire ; le septième défend de prendre et de retenir le bien des autres, et de leur causer aucun dommage ; le huitième défend de porter faux témoignage et de mentir ; le neuvième défend le désir de mauvaises actions défendues par le sixième Commandement, et de s'arrêter à aucune pensée déshonnêtes, le dixième défend de désirer injustement le bien des autres.

L'Église ordonne principalement six choses : 1. de sanctifier les Fêtes qu'elle commande : 2. d'assister à la Messe avec attention, les Dimanches et les Fêtes : 3. de se confesser au moins une fois l'an : 4. de communier au moins une fois l'an, à sa paroisse, dans la quinzaine de Pâques : 5. de jeûner les Quatre-Temps, les Vigiles et tout le Carême : 6. de s'abstenir de manger gras les Vendredis, les Samedis, et autres jours d'abstinence.

11. Mais pour obéir à Dieu et à l'Église, nous avons absolument besoin de la grâce de Dieu : pour l'obtenir, il faut la demander souvent par d'humbles et ferventes prières, et toujours au nom de Jésus-Christ. La plus excellente des prières, c'est Notre Père, etc. parce que Jésus-Christ lui-même l'a enseignée. Il est encore très utile d'invoquer la très Sainte Vierge et les Saints parce qu'ils peuvent beaucoup nous aider par leur intercession.

12. Jésus-Christ a institué les Sacrements pour nous donner sa grâce en nous appliquant les mérites de ses souffrances et de sa mort : il y en a sept : le Baptême, la Confirmation, la Pénitence, l'Eucha-

ristie, l'Extrême-Onction, l'Ordre et le Mariage.

13. Il y en a trois qu'il est plus essentiel de connaître, savoir : Le Baptême, sans lequel personne n'est sauvé : toute personne peut baptiser en cas de danger de mort, il faut pour cela verser de l'eau naturelle sur la tête : elle doit couler sur la peau, et non pas seulement sur les cheveux ; et la même personne dit au moment qu'elle la verse : Je te baptise, au nom du Père, et du Fils, et du Saint-Esprit. Le Baptême efface en nous le péché originel, nous donne la vie de la grâce, et nous fait enfants de Dieu et de l'Église.

14. Le Sacrement de Pénitence est établi pour remettre les péché commis après le Baptême ; mais pour en obtenir le pardon par ce Sacrement, il faut les confesser tous, du moins les mortels, sans en cacher un seul : avoir une très grande douleur

d'avoir offensé Dieu : demander très instamment cette douleur à Dieu : être fermement résolu de ne les plus commettre, et d'en quitter les occasions : Enfin, être décidé à faire les réparations et pénitences que le prêtre impose. Si une seule de ces dispositions manque, l'absolution reçue est un grand crime et de plus un sacrilége.

15. L'Eucharistie est le plus auguste de tous les Sacrements, parce qu'il contient Jésus-Christ tout entier, vrai Dieu et vrai homme : son corps, son sang, son âme, sa divinité : à la messe, par les paroles de la consécration que le prêtre prononce, la substance du pain et du vin est changée au corps de Jésus-Christ ; et il n'en reste plus que les apparences : ainsi, lorsque le Saint-Sacrement est exposé sur l'autel, ou lorsqu'il est dans le Tabernacle, c'est Notre Seigneur J.-C. réellement présent qu'on

adore : et quand on communie, c'est Jésus-Christ qu'on reçoit pour être la nourriture spirituelle de l'âme, ce n'est pas son image, ni sa figure, comme sur un crucifix, mais c'est Jésus-Christ lui-même, c'est-à-dire, le même Fils de Dieu, le même Jésus-Christ qui est né de la très Sainte Vierge Marie, qui est mort pour nous sur la croix, qui est ressuscité, monté au ciel, qui est dans la Sainte Hostie aussi véritablement qu'il est au ciel : pour bien communier, il faut n'avoir sur la conscience aucun péché mortel, s'il y en avait un seul, on commettrait un énorme crime, un sacrilége : on mangerait et boirait, dit saint Paul, son jugement et sa condamnation.

16. Il faut mourir, le moment de notre mort est incertain : de ce moment dépend notre bonheur ou notre malheur éternel, le Paradis ou l'Enfer sera notre partage pour toujours, selon l'état de grâce ou de

péché où nous nous trouverons à la mort : pensons-y-bien.

17. Les principales vertus d'un Chrétien sont : La Foi, l'Espérance et la Charité : 1. La foi est un don de Dieu, par lequel nous croyons fermement toutes les vérités qu'il a révélées à son Église : 2. L'Espérance est un don de Dieu, par lequel nous attendons avec confiance le ciel et les grâces pour y parvenir : 3. La Charité est un don de Dieu, par lequel nous aimons Dieu par-dessus toutes choses, pour l'amour de lui-même, et notre prochain comme nous-même pour l'amour de Dieu.

Tout Chrétien est obligé de faire souvent des Actes de Foi, d'Espérance et de Charité dès qu'il a l'usage de la raison, et lorsqu'il est en danger de mort.

LES COMMANDEMENTS DE DIEU.

1. Un seul Dieu tu adoreras,
   Et aimeras parfaitement.
2. Dieu en vain tu ne jureras,
   Ni autre chose pareillement.
3. Les dimanches tu garderas,
   En servant Dieu dévotement.
4. Tes père et mère honoreras,
   Afin que tu vives longuement.
5. Homicide point ne seras,
   De fait, ni volontairement.
6. Luxurieux point ne seras,
   De corps ni de consentement.
7. Le bien d'autrui tu ne prendras
   Ni retiendras à ton escient.
8. Faux témoignage ne diras,
   Ni mentiras aucunement.
9. L'œuvre de chair ne désireras,
   Qu'en mariage seulement.
10. Biens d'autrui ne convoiteras,
    Pour les avoir injustement.

LES COMMANDEMENTS DE L'ÉGLISE.

1. Les Fêtes tu sanctifieras,
 Qui te sont de commandement.
2. Les dimanches la messe ouïras,
 Et les Fêtes pareillement.
3. Tous tes péchés confesseras
 A tout le moins une fois l'an.
4. Ton créateur tu recevras,
 Au moins à Pâques humblement.
5. Quatre-Temps, Vigiles jeûneras,
 Et le Carême entièrement.
6. Vendredi chair ne mangeras,
 Ni le samedi mêmement.

LES MAXIMES

DE LA SAGESSE.

1.

Craignez un Dieu vengeur et tout ce qui le blesse ;
C'est là le premier pas qui mène à la sagesse.

2.

Ne plaisantez jamais ni de Dieu, ni des Saints,
Laissez ce vil plaisir aux jeunes libertins.

3.

Que votre piété soit sincère et solide,
Et qu'à tous vos discours la vérité préside.

4.

Tenez votre parole inviolablement ;
Mais ne la donnez pas inconsidérément.

5.

Soyez officieux, complaisant, doux, affable,

Poli, d'humeur égale, et vous serez aimable.

6.

Du pauvre qui vous doit n'augmentez pas les maux ;

Payez à l'ouvrier le prix de ses travaux.

7.

Bon père, bon époux, bon maître sans faiblesse :

Honorez vos parents, surtout dans leur vieillesse.

8.

Du bien qu'on vous a fait soyez reconnaissant ;

Montrez-vous généreux, humain et bienfaisant.

9.

Donnez de bonne grâce : une belle manière,

Ajoute un nouveau prix au présent qu'on veut faire.

10.

Rappelez rarement un service rendu :

Le bienfait qu'on reproche est un bienfait perdu.

11.

Ne publiez jamais les grâces que vous faites,

Il faut les mettre au rang des affaires secrètes.

12.

Prêtez avec plaisir ; mais avec jugement.

S'il faut récompenser, faites-le dignement.

13.

Au bonheur des humains ne portez pas envie.

N'allez point divulguer ce que l'on vous confie.

14.

Sans être familier, ayez un air aisé.

Ne décidez de rien qu'après l'avoir pesé.

15.

A la religion soyez toujours fidèle :

On ne sera jamais honnête homme sans elle.

16.

Détestez et l'impie et ses dogmes trompeurs:
Ils séduisent l'esprit, ils corrompent les mœurs.

17.

Ne rejetez pas moins tout principe hérétique,
C'est peu d'être chrétien, si l'on n'est catholique.

18.

Aimez le doux plaisir de faire des heureux
Et soulagez surtout le pauvre malheureux.

19.

Soyez homme d'honneur; et ne trompez personne.
A tous ses ennemis un noble cœur pardonne.

20.

Aimez à vous venger par beaucoup de bienfaits.
Parlez peu, pensez bien, et gardez vos secrets.

21.

Ne vous informez pas des affaires des autres ;

Sans air mystérieux dissimulez les vôtres.

22.

N'ayez point de fierté. Ne vous louez jamais

Soyez humble et modeste au milieu des succès.

23.

Surmontez les chagrins où l'esprit s'abandonne ;

Ne faites réjaillir vos peines sur personne.

24.

Supportez les humeurs et les défauts d'autrui ;

Soyez des malheureux le plus solide appui.

25.

Reprenez sans aigreur, louez sans flatterie.

Ne méprisez personne, entendez raillerie.

26.

Fuyez les libertins, les fats et les pédants :

Choisissez vos amis ; voyez d'honnêtes gens.

27.

Jamais ne parlez mal des personnes absentes.

Badinez prudemment des personnes présentes.

28.

Consultez volontiers. Évitez les procès ;
Où la discorde règne, apportez-y la paix.

29.

Avec les inconnus usez de défiance ;
Avec vos amis même ayez de la prudence.

30.

Point de folles amours, ni de vin, ni de jeux ;
Ce sont là trois écueils en naufrages fameux.

31.

Sobre pour le travail, le sommeil et la table,
Vous aurez l'esprit libre et la santé durable.

32.

Jouez pour le plaisir, et perdez noblement.
Sans prodigalité dépensez prudemment.

33.

Ne perdez point le temps à des choses frivoles ;

Le sage est ménager du temps et des paroles.

34.

Sachez à vos devoirs immoler vos plaisirs,

Et pour vous rendre heureux, modérez vos désirs.

35.

Ne demandez à Dieu ni grandeur, ni richesse :

Mais pour vous gouverner demandez la sagesse.

POUR DEMANDER A DIEU

LE DON DE LA SAGESSE.

Dieu de toutes choses, qui avez fait tout par votre parole, qui avez formé l'homme par votre sagesse, pour lui donner la puissance sur les créatures que vous avez faites, pour gouverner le monde dans l'équité et dans la justice, et pour le juger dans la droiture de cœur ; donnez-moi cette sagesse qui est assise auprès de vous sur votre trône, et ne me rejetez pas du nombre de vos enfants.

AU SAINT-ESPRIT.

Esprit-Saint, consolateur et plein de bonté, aidez-moi ; mon Dieu, mon Sauveur, je vous recommande mon âme, mon corps et toutes les choses qui sont à moi. Je laisse et remets entre vos mains tout le progrès et la fin de ma vie, accordez-moi la grâce de persévérer en votre saint service, de faire pénitence et des fruits dignes de pénitence et de mourir en votre sainte grâce.

CHOIX DE QUATRAINS.

Le nom du Créateur du ciel et de la terre,
Le grand nom du Seigneur est écrit en tout lieu,
Les innombrables voix de la nature entière
    Disent : Il est un Dieu !

Les longs mugissements de la mer en furie,
Les éclats du tonnerre et ses sillons de feu,
Comme le doux lever d'une aurore bénie,
    Disent : Il est un Dieu.

L'éléphant gigantesque, et l'énorme baleine,
Les aigles s'élevant jusque dans le ciel bleu,
Comme le moucheron que l'œil distingue à
    Disent : Il est un Dieu.   [peine,

Les chênes vigoureux qui couvrent les monta-
    gnes,
Le roseau que le vent fait plier comme il veut,
Et les petites fleurs embaumant les campagnes,
    Disent : Il est un Dieu.

L'homme, que Dieu daigna créer à son image,
Bénirait ce bon père et l'aimerait trop peu,
Si chacun de ses jours n'était comme un hom-
    Qui lui criât : Mon Dieu.   [mage

---

§ Ier. DIEU TOUT-PUISSANT.

A Dieu seul, mes enfants, appartient la puis-
    sance ;
Aussi se nomme-t-il le Dieu grand, le Dieu fort ;
Tout être tient de lui sa fragile existence,
Il dispense lui seul et la vie et la mort.

A sa voix le soleil s'arrête dans sa course,
La mer en frémissant voit partager ses eaux,
Du roc jaillit soudain une abondante source,
Et les morts réveillés sortent de leurs tombeaux.

Toutes les nations du couchant à l'aurore
Pourraient, s'il le voulait, disparaître demain
Plus misérablement que Sodome et Gomorrhe,
Qu'engloutit pour jamais un signe de sa main.

    O mon Dieu, de toute son âme,
    Vous bénit un petit enfant ;
    Entendez, sa voix vous proclame ;
    O Dieu bon, ô Dieu tout-puissant !

§ II. DIEU VOIT ET CONNAIT TOUT.

Il est partout ce Dieu qui, par ses récompenses,
Console le cœur pur, docile, obéissant ;
    Et de qui les justes vengeances
    Menacent le front du méchant.

Lorsque du sang d'Abel Caïn rougit la terre,
Il croyait être seul dans un bois écarté :
    Mais, qu'as-tu donc fait de ton frère ?
    Cria le Seigneur irrité.

Craignez Dieu, mes enfants, n'ayez point d'autre crainte ;
Et, pour vous exciter à bien garder sa loi,
Répétez-vous souvent cette parole sainte :
    Le Seigneur est là devant moi.

*   Partout votre regard pénètre,*
*   Rien ne peut vous être caché.*
Oh ! comment devant vous oserais-je commettre
*   Mon Dieu, le plus petit péché ?*

§ III. BONTÉ ET PROVIDENCE DE DIEU.

Que le Seigneur est bon ! dès la plus tendre en-
    Chantez son adorable nom ;   [fance
Célébrez à l'envi sa douce providence,
    Chantez : Que le Seigneur est bon.

    C'est Dieu qui donne son brin d'herbe
    Au passereau qui fend les airs,
    Et qui jette au lion superbe
    Sa pâture dans les déserts.

    Du bœuf qui sillonne la plaine,
    Dieu soutient les rudes efforts ;
    Il donne à la brebis la laine,
    Qui du froid abrite nos corps.

    Avec quelle magnificence
    Dieu couvre nos arbres de fruits ;
    Des blés, avec quelle abondance
    Il entasse les blonds épis !

    Avec un amour sans réserve,
    Dieu surtout garde ses enfants ;
    Comme sa bonté vous préserve
    Chaque jour de mille accidents !

Que de fois liés par des langes,
Vous seriez morts dans le berceau,
Si le Seigneur avec ses anges
N'avaient sur vous veillé d'en haut.

Lui rendez-vous grâce à toute heure,
Remerciez-vous cette main,
Dont vous tenez une demeure,
Des habits, des livres, du pain ?

Plus que votre excellente mère,
Le Seigneur s'occupe de vous ;
Offrez-lui donc cette prière,
Vous mettant toujours à genoux :

Sans cesse, ô mon Dieu, mon bon père,
 Je veux vous bénir ;
Oui, plutôt que de vous déplaire,
 Je voudrais mourir,

PETITES FABLES.

LE POT DE MIEL.

Il était fort gourmand, le jeune Gabriel ;
    Or, pour le corriger, sa mère
Mit à l'écart un pot d'absinthe très amère
    Qu'elle étiqueta : Pot de miel.

    Donc, sans délai, notre friand,
    Y goûte et puis s'en va criant :
Oh ! combien c'est mauvais ! cette horreur m'empoisonne !
Croyez-vous, mes amis, que la leçon fut bonne ?

LE PAPILLON ET LE VER A SOIE.

Certain papillon des plus sots,
Disait au ver à soie : es-tu laid, traîne-terre ?
    Mais à cette insulte grossière
Le précieux fileur répondit par ces mots :

Dans le palais des rois mon travail au moins brille ;

Toi, tu n'es bon à rien, rejeton de chenille.
Pour vaincre notre orgueil, d'abord, considérons
Que, de terre sortis, nous y retournerons.

LA CHATAIGNE.

Un petit étranger, venant en Limousin,
    Aperçoit sur sa route une verte châtaigne.
    Poussé par son esprit malin,
Il broie avec les pieds le bon fruit qu'il dédaigne.

Un jeune paysan ne le perd pas de vue,
    Et lui dit : Monsieur, c'est fort mal !
Il parlait aux enfants qui jettent dans la rue
Des objets qui, du pauvre, auraient fait le régal.

ALPHONSE V ET SES COURTISANS.

Des courtisans disaient au sage prince Alphonse,
Un roi n'a pas besoin d'être docte, érudit :
Un monarque fameux lui-même nous l'a dit.
— Ce monarque est un sot ; telle fut la réponse.

Si quelqu'un doit être savant,
Doit de bonne heure éviter l'ignorance,
C'est bien cet homme assurément
A qui le ciel accorde l'opulence.

LE DOGUE ET LE ROQUET.

Un beau dogue souffrait qu'un roquet à toute heure,
Vînt l'insulter jusque dans sa demeure :
Mais à la fin, rien qu'en se redressant,
D'un des doigts de sa patte, il le met tout en sang.

Longue que soit la patience,
Avec laquelle on vous pardonne tout,
Ne commettez pas l'imprudence
De la pousser à bout.

L'ARAIGNÉE ET LE PRISONNIER.

Une araignée étant, nous dit l'histoire,
Près des verroux d'un prisonnier,
Pour le distraire et l'égayer,
Chaque jour dans sa main venait manger et boire.

Ce fait, s'il est bien vrai, nous prouve
Que chez les plus viles animaux,
Il n'est point rare que l'on trouve
Les égards pour autrui, la pitié pour ses maux.

LE THYM.

« Quelle est donc cette laide plante,
Grisâtre, ligneuse et rampante ? »
A Frédéric, ainsi parlait Martin [thym.
En repoussant du pied quelques branches de

Ils firent quelques pas et soudain ils sentirent
Tout autour d'eux une excellente odeur.
Beaucoup de gens par rien ne nous attirent;
Ils sont doués pourtant d'une grande valeur.

LA RONCE, L'OEILLET ET LA ROSE.

Une ronce épineuse et d'un rouge écarlate,
Osait dire à l'œillet : Ma beauté délicate
Ne saurait te souffrir plus longtemps près de
      Va dans un coin : retire-toi! [moi;

Tout près d'eux s'élevait une brillante rose :
Viens, dit-elle à l'œillet, prends place à mes côtés.

Ainsi la grandeur fausse est hautaine et morose,
Et la grandeur réelle est pleine de bontés.

LE CHIEN HARGNEUX.

Un chien hargneux aboyait au passant :
Faisait-on volte face ;
Vite, il laisse la place,
Bien entendu, toujours en menaçant.

Tel est l'enfant méchant : il a l'humeur guerrière
Quand il sait qu'on a peur de lui :
A des braves a-t-il affaire,
Avant qu'ils soient venus ce matamore a fui.

LE MARMOT ET LES RAISINS.

Un marmot de dix ans, le mentor de la troupe,
Aperçoit contre un mur des grappes de raisin,
Choisit la plus grosse et la coupe ; [din.
Et tous à qui mieux mieux dépouillent ce jar-

Ne donnez un mauvais exemple
A personne, encor moins au tout petit enfant ;
Il vous écoute, il vous contemple,
Si vous faites du mal : il court en faire autant.

FIN.

Limoges, imp. DUCOURTIEUX et C°, rue Croix-Neuve.

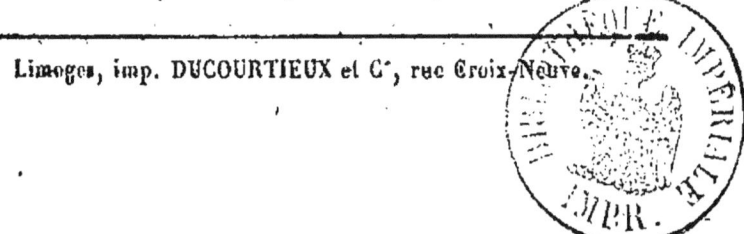

www.ingramcontent.com/pod-product-compliance
Lightning Source LLC
LaVergne TN
LVHW050625090426
835512LV00007B/679